Gojko Božović
ARHIPELAG

I0151787

Biblioteka
USPON
Knjiga 10

Urednik
NOVICA TADIĆ

Gojko Božović

ARHIPELAG

RAD • 2002.

PITANJA I DANI

Dani koje sam proveo u biblioteci,
Čitajući sa istom pažnjom i ono
Što se tiče mene i ono što je i bez mene moglo,
Nisu dani koje mogu da obnovim u šetnji.

Dani koje sam proveo na putovanjima
Nisu dani koje mogu da obnovim
Sa nečijim putopisima u ruci.

Dani koje sam proveo na poslu,
Zabavljen tuđim pitanjima sopstvenog postojanja,
Nisu dani koje mogu da ponovim još jednom.

Dani koje sam proveo u šumi,
Na proplanku, ili na plaži senovitoj
Nisu dani kojima mogu da se primaknem.

Ni dani u kojima se postojanje činilo
Kao patnja sa smislom, kao smisao
Bez patnje, takvi dani nisu očuvani.

Dani koje sam proveo u sobi,
Između četiri zida, uvek različita
Od onih koje sam koliko juče ostavio,
Nisu dani koje mogu da prepustim istim knjigama.

DIJALOG O ĆUTANJU

OTAC

Možda bih najpre mogao da govorim.
Da govorim o ocu kao da mi je
Prvi put da izgovorim tu reč,
Pomislim na to ime i
Ugledam taj lik
Pre nego što pređe u moj lik
I u likove koje još gledao nisam.

Možda bih najpre mogao da govorim.
Da govorim o ocu koji je
Rođen u istoriji i koji je
Živeo među uzdrhtalim prizorima.
I koji u rečima prebivaš, moj oče,
Makar me i ostavio,
Ako u rečima prebiva
Ono što bih o ocu mogao da govorim,
Da govorim najpre o ocu.

ZAJEDNIČKE GODINE

Još uvek imam manje godina
Nego što su ih imali
Moji roditelji
U godinama kada su me ostavili
Ali kad god pomislim
Na njihove godine
I na dane koji su im
Morali pripasti
Premda ih ni okusili nisu
Učini mi se da sam
Stariji od njih i da
Imam broj njihovih
Zajedničkih godina
I da sam utoliko odsutan
Što koristim njihovo vreme

TRAG

Koliko sam se samo opraštao
Od prijatelja
Držeći u nesigurnoj šaci
Grumen raspršene zemlje,
Malopre podignute,
Da bi u zemlju
Opet bila hitnuta,
Kao trag moje neizgovorene rasprave,
U kojoj se sve reči završavaju
Senovitim zvucima
Poput reči kazanih
U kući bez ijedne stvari.
Da li oni,
Moji prijatelji,
Dele sa mnom tu zemlju
Kojom ih ispraćam?

GLAS, ODSUSTVO

Hrapavi glas odsustva
Ponekad dopire do mene.
Taj glas ima obličje
Prijatelja.
Odgovaram sa svoje strane.
Odgovaram prijatelja.
Hteo bih da kažem
Utešnu reč.
To je reč koja ostaje
Na vrhu jezika.
Moj glas je tada izmenjen.
Možda hrapavi glas odsustva.

DRUGIM OČIMA

Tada sam na sve
Gledao kao dečak.
Nisam se okruživao stvarima
Nego sam se zatekao u njihovom svetu.
Usmeravao sam se
Gledajući nad sobom nebo,
Za koje ću kasnije saznati
Da je vedro
Ili da je prazno.
I čije su me pokretljive linije
Docnije podsetile
Na granice među državama.
Biljke sam raspoznavao
Po oblicima
A ne po imenima.
Čim sam svet
Počeo da gledam
Drugim očima,
Više nisam znao
Šta sam gde video
I kojem oku pripada koja stvar.
Ako se išta može videti.
Ako nas oko dovodi u svet.

DIJALOG O ĆUTANJU

Skrivaš se.
Kao da si odsutan
Već dugo vremena
A ne samo u trenutku
U kome ti se obraćam.
U svakom trenutku
U kome ti se obraćam.
A samo ćutanje
Nije nikakav znak
Da nešto nije, ne postoji.
Ono je znak
Ako je postojanje još vredno.

Ali ovaj pogled,
Ali ova trava
Što izbija gde je niko nije sejao,
Čak i iz nagriženih kuća,
U kojima se odomaćila
Još pre straha,
Ali ovaj zvuk s kojim se budim
I zbog kojeg zaspivam,
Ali sam ja?

VREME

Tek je prvi sumrak,
Doba u kome se
Približavamo sebi,
A već sam obavio
Sve dnevne sitnice
Koje ispunjavaju život.
Sada mi preostaje vreme,
Prilično lepo vreme,
Koje bih mogao da upotrebim
Na sopstvenu radost,
Kada bi, posle svih sitnica,
Bilo volje
Za neki drugi život.

NA 27. ROĐENDAN

Tamo gde su se
Moji nekada mogući vršnjaci
Pa čak i moji stariji prijatelji
Oslanjali po navici
Znajući šta znači sigurnost
I gde se nalaze stvari od početka
Moja ruka prolazi kroz vazduh
Nimalo zgusnut

GDE JESAM

Kada bih mogao
Da poslušam stari savet
Da držim um svoj u paklu
I da ne očajavam,
Onda bih živeo
Kako sada živim,
I verovao u šta sada verujem,
Ne bih menjao
Svoje sadašnje mišljenje,
Ostao bih
Tu gde jesam.

REČNIK

UČENJE

Dok su nas učili
Još u ranom detinjstvu
Da je karakter sudbina
Nisu ni pomišljali
Da onoliko oblika u prirodi
Ili onoliko nezadovoljstava u čoveku
Ili onoliko utisaka
Koji minu jednim drhtajem oka
Nisu nastali iz karaktera
Ni iz sudbine čiji je roditelj pomenut
Niti se u nekom času setiše
Da se ne može razumeti
Sve o čemu se može pomisliti
I da je dobro ono što nismo razumeli

DOGAĐAJ

Ako čovek u životu
Može da proživi
Samo određen broj događaja,
Šta onda biva sa događajima
Koji nisu našli svoje ispunjenje
I sa čovekom koji nije
Našao svoje događaje?

PREDMET

Ako si ime,
Onda nisi ni stvoren.
Ako si reč,
Ne znam šta je rečeno.
Ako si oblik,
Gde je ono
Što odnekud prepoznajem.

IME

Kada bi tišina,
Usnula među neizbrojanim
Stablima šuma,
Čiji će godovi
Obgrliti i moju smrt,
Ushtela da kaže
Ma koju reč,
Neka ta reč
Ne bude nijedno ime.

STRAH

Sećajući se od čega sam sve
Strepeo u životu
Ponekad poželim da mi se
Obnovi neki stari strah
Strah radi straha
I da me prožme jeza
Sada već bez ikakvog razloga

Iako znam da je to suvišno
I da želim više
Nego što mi može pripasti

Strah ne postoji zbog straha
Nego zbog mene
A strepeti zbog starih strahova
Nije moguće
Jer vreme curi
Sa svakim drhtajem koga osećam

OBAVEZE

Ophrvan obavezama koje mi
Nameće neko nepoznat
Svakog dana zaronjen u prašinu
Koja se ne da otresti
Kao što se otire brašno sa prstiju
Sa vremenom koga imam
Taman toliko da pokušam
Da se prisetim šta mi je
Još preostalo da učinim
Pogledao sam u trenutku
Koji mi je drag kao i pesma o njemu
U zlataste hrbate umnoženih konja
I pomislio kako u svakom času
Mogu da odložim obaveze

SENKE

Primetite li da se
Senke brzo sklapaju
Za retkim, sve ređim, prolaznicima,
Znajte da ste dospeli
U područje velikih planina.
Ali kada povremeno opazite
Mesta davno ugašenih vatri,
Nalik na u žurbi očišćenu ranicu,
Znajte da ste otišli i dalje,
U vreme pre seobe naroda.

LICA

Kada mi telo bude kost i koža,
Iz koje je iscurio svaki dodir
I čežnja za drugim telima,
A lice bude dobilo dubinu
Kakvu su godinama imale
Samo mape zemaljskih voda,
Pomisliću na oči
Koje su me navodile
Da u antikvarnim licima
Vidim ono čega nije bilo.

REČNIK

Ukoliko bih nabrojao
Sva mesta u kojima sam bio,
Dobio bi se veliki rečnik
Zemaljskih mogućnosti,
Prepuštenih nezaustavljivom oku
Sa mirnoćom
Poželjnom u svakodnevnim stvarima,
Ostavljenih drugim ljudima
Koji misle o velikom rečniku
Mesta u kojima su bili.

ULAZAK U VODU

ULAZAK U VODU

Ulazak u vodu jeste spoznaja načela.
Ono što nismo
Dalje je od nas
Dok su nam udovi
Nejasno razdeljeni od okoline
I obuzeti bezrazložnom lakoćom.

Ali koje je načelo voda?

Možda na suvom
Strogo ocrtana smrt.
Možda šapat iskustva
Što potanja u naboranoj masi.
Možda lepa uzaludnost.
Uzaludnost mada lepa.

TO ŠTO JE PROTEKLO

Toliko je bila gusta u pokretu
Da moje zamagljeno oko
Nije videlo vodu kako se kreće
Nisam čuo ni huk
Koji bih slušao u detinjstvu
Kada su se vode
Ako su to bile one
Belele u nevinom besu

Da li je voda to što je proteklo
Ako ne mogu da obnovim sliku
A sa slikom se muti i glas
Sve dok ne dođem na granicu
Od koje je voda manje nema
Od koje je gustina manje tamna
Od koje sam upamtio strah

NA JEZERU

U jednom času, na jezeru,
Gde bistre vode bivaju zamućene
Sopstvenom dubinom,
Gde glasovi nastaju
Kao nepriličan pokret vesla,
Prvo šumno, potom oneme,
Dok se vazduh zgušnjavao u mir
Kao da se ništa neće dogoditi,
Sa očima izvan svakog zla
I sa očima za sve vidljivo
Pogledom sam obuhvatio
Stajnost vode i
Zanjihanu liniju horizonta.
I zaista, zaista vam kažem:
Ne vidi se mnogo
Kako se jedino vidi.

POSMATRAČ

Na kamenu na koji dolazim
Posle svega,
Posle ljudi čiji se dah
Nahvatao na oblicima
Koji se urezuju u moje telo
Kao da ono nije završeno
Još pre moga dolaska na svet,
Mogu da mislim samo na to
Kako nikada dovoljno mira
Da se iskusi spokoj,
Ni snage
Da bi se prešla crta.
Kako spev obnavlja prirode,
A more menja oko posmatrača.
Kao što nanosi pesak
Po redu smelog slučaja
I kao što se gradovi morski
Zidaju od kamena
Porinutog u more,
Potom vraćenog
Zemlji, kugi, vatri i vazduhu.

MIRNOĆA

Kada su more nastanili
Već viđeni brodovi,
Brodovi koji su promenili
Više zastava nego pravaca
Na neobeleženom hrbatu mora,
Brodovi koji liče na ljuske
I brodovi čije će začuđene posade
Tek pomišljati na snagu jajolikog ovitka,
Brodska užad,
Kompasi koji su zaboravili strane sveta,
Otpaci od gozbi,
Pa i poneki komad odeće
Kao znak da se i telo
Predavalo lukavosti vode,
Još se u zlatnoj peni
Mogla nazreti mirnoća mora,
Ravnodušna na vreme,
Odsutna za sopstveni teret.

PREKO SVEGA

More je zaustavljena voda.
Prizori zaustavljeni nad vodom.
Naslućeni pokret.
Glas stišan u izmaglici.
Mukli jek iskustva.
Oblik nadošle posude.
Tačkast raspored ribarskih
Ili dokoličarskih čamaca.
I bura što pređe preko svega.
Kao rukom.

SMENJIVI OBLICI

OPIS

Početi izdaleka. Otvorenih čula.
Potom prilaziti stvarima
Na zaobilazan način.
Kao da se hoće nešto drugo.
Izgovarati imena samo
Ako se baš mora.
Čija su imena hleb i vino?
Ili plaha kiša
U uzavreloj sasudi leta?
Kada se obiđe ceo posed,
Upravo izgubljeno vlasništvo,
Postajati još neko vreme
Neodloženog alata.
Videti ono što se ostavlja.

PITANJE

Da nije zbog toga
Izbio Prvi svetski rat,
Zapitao se jedan među pesnicima,
Misleći na poeziju,
Mada je znao da će više
Rata biti oko ovog pitanja
Nego što poezija može da pokrene ratova.
I kad god u poeziji sretnem
Malo, pokretno pitanje,
Uvek se dvoumim hoće li
Izbiti rat ili će
Nenadano izbiti čitalac.
A oni koji žive,
Danas i ovde,
Da bi svakog dana i
Na svim mestima izbijali,
Kao što se javlja ovih deset glasova
Kojima ne znam rod ili onih
Nekoliko stubova dima
Koje su obuhvatili i oni
O izvesnosti što pišu,
Oni ne vode ratove,
Niti postavljaju pitanja.
Ali odgovor, odgovor
Kod njih potražite.

SMENJIVI OBLICI

1.

Da li bismo mogli da se razumemo
Ako bismo strpljivo izgovarali reči,
Od slova prema slogu,
Od sloga prema reči,
Predeo po predeo?
Ako bismo ono što hoćemo da kažemo,
A nešto hoćemo čim usne
Izlažemo smenjivim oblicima,
Kazali svim načinima
Koji poznaju strpljivost,
I na način koji upravo otkrivamo,
Da li bismo mogli da se razumemo?
I ako bismo se razumeli,
Šta bismo učinili sa usnama
I sa onim što htedosmo da kažemo?

2.

Kažete li reč nebo,
I pri tom ne osetite vrtoglavicu,
Da li ste nešto rekli?

3.

Ako bih na mestu
Bilo kom,
Čak i na mestu
Na kome stojim sada,
Izgubljen u dubokom prostoru,
Ne misleći ni na šta,
Ne verujući
Koliko se može ne verovati,
Usamljen kao ovo mesto,
Ne znam koje,
Ako bih, dakle,
Poželeo da izgovorim neku reč
Kao što se izgovaraju reči
Muk, u kojoj je nastanjena zapanjujuća dužina,
Ljubav ili sreća,
Reči o kojima je nepošteno govoriti,
Ili – ipak,
Reč stvorena za poeziju,
Prasak i papir,
Voda, glas, dubina, brdo ili kosa,
Ili ma koju reč
Kojih se ne sećam
Nego mi dolaze
Kao odlomci
Iz daljina u kojima se nisam nalazio,

Zašto bih to, prijatelju,
Jedan od prijatelja,
Poželeo
I kako bih to učinio
Usamljen kao ovo mesto,
Ne znam koje,
Izgubljen u dubokom prostoru,
Jedan od ja?

U NAĐENOM SVETU

Veliki pesnici što nisu mogli
Da se međusobno čitaju
Jer im je vreme razdelilo jezike
A prostor im je pomešao glasove
Pošto su graditelji kula razvili zastave
Na kojima je pisalo
Sloboda, jednakost, bratstvo
I druge sve manje razumljive reči,
Da li su osećali neki gubitak
Ili su, kao i svaki čitalac,
Tražili u nađenom svetu?
Ali šta su zasnivali
Veliki pesnici što nisu mogli
Da se međusobno čitaju
Ako su znali da ih
Neće čitati ravan s ravnim?
Ili je pak
Poezija ono što ostaje
A ono što se zasniva
Samo je oholost?

ELEGIJA JOSIFU BRODSKOM

1.

Kada je, zajedno sa Džonom Donom,
Usnulo sve što je pesnik
Slutio i video, započinjao i odlagao,
Sve dobre namere i rđava svakidašnjica,
Pokreti i dodiri, korak deteta
Koji je, koliko juče, mogao biti opisan,
A sada je samo dremež
Među mnogim snovima,
Predmeti ostavljeni na
Slučajno izabranim mestima
Ili pokrenuti neobrazloženom namerom,
Reči izgovorene s lakoćom
I ostavljene još koji čas
U praznjikavom prostoru,
Ili zatečene među upravo
Usredsređenim usnama,
Kada su i one usnule,
I ljudi i predeli,
I strasti svih ljudi
U oblicima svih predela,
Da li je taj san,
Započet kada je usnuo Džon Don,
Ime jednog zvuka,

Bio neki novi san
Ili se samo nastavila
Stara ona zatečenost,
Obamrlost pre jutarnjeg dremeža?

2.

I on je usnuo.
Vodeni žig tone u mulj i u san.
Usnula je imperija koja ga je prognala.
Sanja imperija na čijim je obalama
Pisao na dva jezika.

Takav pokret nismo prizvali.
Od voska koji je sastrugan
Sa pečata imperije
Ostalo je iza nokta
Kao trag čitavog napora.

Svima se spava.
Na svim jezicima
Ubrzavaju se reči
Pre no što postanu mrmor.
San je vreme odsustva.

3.

Šta da radimo sa snom
Koji se nikome ne može ispričati?
Ako se njime neće naseliti iskustvo,
Ako njime život nije zaustavljen
Da bi nanovo počeo?

Naprosto, to je san.
A biti u snu znači biti izmešten.

Šta se može učiniti sa takvim snom?
Šta se može učiniti sa svojim dremežom?
U rasutoj svetlosti
Ili u svedenom svetlu.
Svejedno je, tako je svejedno.

ELEMENTI

Stvarnost je posela prostor poezije.
Pregazila je reku
O čijoj su nepristupačnosti
Govorili zamoreni plivači.
Na drugoj obali istražuju se
Elementi za opstanak.
Zemlja gubi težinu
U očima naslednika.
Oko vatri su zamrli razgovori.
Vazduh postaje provodljivi samoglasnik.
Voda klizi po nesigurnim dlanovima.
Zajedno sa tragovima snova
Nastalim pre izranjanja
U stvarnost.

IZGOVOR

U Pravopisu srpskoga jezika
Napisanom u času
Kada je dvadeseti vek
Postajao prošlost
Puna nezaboravljenih kostura
Rešeno je da se izraz
Nažalost
Piše zajedno
Dok se izraz
Na sreću
I dalje piše odvojeno

Kada kažemo nažalost
Onda to treba izgovarati
Bez pauze među slovima
Kao kada kažemo
Hleb živost tren

Ne znam da li je
Povoljna ili rđava okolnost
To što su neke reči
Stopljene u samo tako
Izgovorivu celinu
Dok se druge prekidaju
Uzetim vazduhom
Kao kada se nažalost pominje
Nešto nedolično

NADOLAŽENJE

I jeza što nadolazi
Pravedno je da dođe sasvim.
Da svaku kost oseti.
Pa i one kojih se
U lakomislenoj brzini
Ne mogu uvek setiti.
Ali ako još govorim,
Ne činim to zato
Što imam nadu.

POSTOJI LI KNJIŽEVNOST?

Rekli ste da književnost,
Reč ravnodušna od starine kojoj pripada,
Ne postoji za sebe i da
Njene reči pogađaju čitav svet.

Ali ako književnost
Utiče na svet,
Kako možemo osetiti taj uticaj?

Da li sam zbog toga danas
Video toliko nesrećnih?
Jesam li melanholičan
Zato što književnost pribegava melanholiji?

Dobro: postoji li književnost
Ako ne postoji za sebe i
Ako ne utiče na svet?

NA KRAJU JEDNOG POSTOJANJA

NA KRAJU JEDNOG POSTOJANJA

Pošto su srušeni stubovi
Koji su držali svet,
Kada je i ravnoteža,
Odavno sumnjiva reč,
Ostala na drugoj strani,
Sa ostalim stvarima od starine,
Kada je propalo sve ono
Na čemu je postojalo sve
Što smo znali,
Sve što smo slutili
I sve što ni slutili nismo,
Da li se sada svet
Drži za vazduh, još nerazređen
Na mestu nekadašnjih stubova,
Kao što se čovek koji se razišao
Sa jednim delom tela
Ne miri sa izgubljenom celinom?
I koliko bi bilo dobro
Da smislimo vrednosti
Na kojima će nastati stubovi,
Čvrsti do kraja postojanja,
Da li bi to bilo dobro
Na kraju jednog postojanja,
Ovde gde jesmo?

NEPOZNAT NEKO

Nepoznat neko
Osvetlio je prostor
I sada nadzire
Ono što je oko gledalo
I ono pred čime je
Sa sumnjom skrivalo pogled

Šta sada da gledamo
Ako je nepoznat neko
Ako je osvetljen prostor
Ako ništa nismo videli
I ako smo isto toliko čuli

VEK

Čuj kako Ilić govori
O pustim poljanama našim
I kako se glas njegov
U toj praznini
Ne čuje kao jauk vetra
Koji se još zove nevreme.
Što su poljane puste,
Ako i postoje još,
Što se glas ne čuje,
Čak i kad se izgovara,
Što je nebo kao u poeziji,
Ali zašto jauče vetar,
Pokrenuti vazduh koji
Na svome putu postaje zvuk,
Kada na svetu nema mnogo zvukova
Nego jedan prelazi u drugi
I onaj koji sada nema glasa
Čuje se glasom onoga koji se kreće
Dok *za vekom mračni vek*?

SAMI I NEMI

Sve bi bilo drugačije
Da se nisu pokrenuli narodi
Ustali su u isti čas
Kao da je neko rekao
Šta im valja činiti

A oni koji glas nisu čuli
Ostali su u davno ustanovljenoj ravnoteži
Sada s nelagodom gledanoj
Sami i nemi
Jer nisu čuli glas

***

Dok čekamo šta će se dogoditi
Ponašamo se kao da ne znamo
Šta se juče dogodilo

Do nas ne stižu vesti
Nema ohrabrenja ni odgovora
Doći će samo ono što čekamo

***

Od cinične namere
Ili od pritajene sklonosti,
Od razumevanja nije lakše,
Uopšte nije lakše.

VESTI

Na ovom trgu
Mogle bi se dočekati sve vesti.
Ono što ne znamo
Moglo bi biti kazano jasnim rečima.
A ono što znamo
Moglo bi se pokazati
Kao izmaglica koja polako,
Pred nenaviknutim okom,
Prelazi u precizne oblike.
Na ovom trgu
Mogli bi zastati
I reči i koraci.
Jedni zbog razložnosti,
Drugi u sporom iščekivanju.
Sve bi se moglo razrešiti
Na ovom trgu.
Bilo zato što je
Na mestu gde se sada
Mešaju svetlo i beton,
Otpaci, smanjeni pod
Nervoznim pokretima stopala,
I glasovi, od kojih se
Samo neki slivaju u zvuk,
Nekada bio kult,
Potom samo gubilište.
Ili zato što se negde
Nešto mora razrešiti.

SKLONIŠTE

ZAREZ

Godinama već živim u vreme ratova.
Dok pomišljam da je jedan bes
Napokon ostao bez daha,
Kao dečak što posle punog trka
Prelazi u klecanje kolena,
Na drugoj strani granice
Počinje da se odvaja um od ruku,
Meso od kosti, dete od kolevke,
Čovek od onoga što je,
Izašavši na obližnji breg,
Celog života gledao.
I sve prelazi u pokret
Od koga se ne može nazreti
Šta je počelo, a šta se to završava.
Mogu samo da se skupim u pitanje
Zašto se svaki zarez
Mora povući na ovom parčetu kože
Koju iz nekog razloga
Zovem mojom.

PRIZORI

U surovim vremenima
Viđao sam uplašene ljude
Njihov pogled nije mirovao
Vrebao je moguće opasnosti.

Ali najviše viđah
Pomirene ljude
Ravnodušne na ma koju misao
Saživljene sa svakim bolom.

GLASOVI

1.

Prekratko sam
Živeo u mestima
U kojima se ništa
Nije događalo.

Događaji koji su se zbivali
U većim i manjim daljinama
Dolazili su do mene
Kao glasovi
Koji, kada se izgovore,
Kruže po vazduhu
Do prvog uha.

Dopirući do mene
Posle nekog vremena,
Nikada istog,
Događaji kao da su
Dolazili iz prošlosti
Koja nam pripada
Po knjigama.

2.

Dan je peć
U kojoj nestaju očekivanja.
Zemlja tek što se okrenula
Oko svoje ose a za njom
I svi mi koji to
Nehotično činimo
A već se zlo naviklo
Da ne razlikuje žrtvu
Od krvnika, ni krvnika
Od njegovog dnevnika,
Ni dnevnik
Od idile u polju.

3.

Tiho je
Kao da istorija nije
Sa druge strane zida
U obližnjem parku
Za koji se dugo verovalo
Da će biti
Ljudsko stanište.

VOJNIČKO GROBLJE

Ovde se odlučivalo o smislu
Još pre nego što je uzvitlana
Trava prekrila mesta
Heroja i razložnih ljudi.

Pre nego što je rečeno: „Dali su sve u službi...",
Pre nego što se pominjalo naše sećanje,
I dan koji bi bio običan da nije
Prizvana dužnost postala neopoziva konačnost.

Premda nema rešenih pitanja
Na uzvišenju sa koga se vidi više zemlje
Nego što je potrebno prostora
Da se zapodene još jedna bitka.

SVE ŠTO NESTAJE

Kako sve nestaje
Pred mojim očima
Da se pitam
Da li je sve to i postojalo
Kako moje oči
Gledaju poznate prizore
U punoći njihovog odsustva
Da se pitam
Da li su oni uopšte odsutni
Kako se predmeti udaljavaju
Kao dela navikla na pokret ruke
I vraćaju kao stvari
Koje ruka nije dodirivala
Kako se oblici slažu
U bliske pojave
Da se pitam
Kojim rečima govoriti o bliskosti
Kada je nestalo sve što nestaje

SKLONIŠTE

Između dva zvuka sirene za vazdušnu opasnost,
Od kojih jedan strah od smrti
Pretvara u strah od života
A drugi strah od života pokazuje
Kao strah da se ne postane
Neko nepoznati,
Između dva odlaska u uvek isto sklonište,
Ako u jedno sklonište
Može dva puta ući isti čovek,
Dok sam čekao da bomba
Pređe iz ničeg u ništa,
Čitao sam,
Kao da to nikada činio nisam,
Romane Iva Andrića
Koji su nastali za vreme rata
Za koji se mislilo
Da će izumreti
Zajedno sa svojim savremenicima.

Zaista korisno upotrebljeno vreme.
Pogotovu što nisam znao
Da li mi je ostalo još vremena.
Kao školjke uz stari brod,
Kako se kaže u *Travničkoj hronici*,
Uz mene su se,
Iako sam uvek mislio
Da je starost približavanje,

Nalazile sumnje
U sve u šta sam verovao
I sumnje
U sve u šta sam i inače sumnjao.

Dok je rušeno
Sve što je moglo biti stvoreno
I sve što je ljudska ruka doticala,
Pa i ono što oko ne može da vidi,
Pisano je o istoriji
Koja je svojim
Još uvek oskudnim sredstvima
Činila zla koliko je mogla.

Pišući za vreme rata,
Kada ne bih dao ni dve pare
Na rođeni život,
O minuloj istoriji
Pisac je sebi tražio sklonište,
Kao što i ja,
Dok čitam,
Odlazim u sklonište
Misleći na istoriju pretvorenu u priču
I na život pretvoren u istoriju.
U ovo što živimo, dušo.

LAKOĆA I NUŽNOST

Sa Herbertom je lakše u istoriji,
Napisao je Josif Brodski,
Još jedan zbog kojeg bi
Moralo biti lakše u istoriji.

Prisećam se ovih reči u ratu
Kao što se opominjem i njihovih stihova
O malim stvarima koje ne menjaju istoriju
Ali je život bez njih senovita jesen.

Drukčije bih čuo njihove reči u miru,
Kao što drukčije osluškujem nadolaženje
Obećanog smisla, a na sasvim drugi način
Mukli zvuk izvesnosti, prelet bombardera,
Granatu u udovima obližnje zgrade.

Ali nije nužno da se sve dogodi
Iako ono što se dogodi
Postaje nužnost.

Da li mi je lakše u istoriji
Zato što slažem reči i pamtim stihove?
Ili ono što zasnivaju pesnici
Ostaje samo pesnicima?

I zna gospodin Kogito,
Kao što zna i onaj

Koji je gledao grčku crkvu u Lenjingradu,
Da je smrt konačna.
Kada se završi jedan život,
Završe se na jedan način
I svi životi koji su
Sa njim bili u vezi.

I znaju da je smrt nezavršiva.
Ko jednom umre,
Taj umire čitav život bližnjih.
I da sa njom nije jednostavno.
Mada će od nje,
I to ćemo čuti,
Možda biti lakše u istoriji.

MESTO BORAVKA

POGLED

Da bismo gledali let ptice,
I onaj lenj, i onaj
Na koji nisu pripravne grudi,
Potreban je dar.
Jer kako videti onoga koji gleda.
Onoga koji se odrekao
Stajne tačke da bi video:
I nas zagledane,
I stenu koja prerasta u provaliju,
I granicu svetla koja se pomera
Na nekada poznatom horizontu,
I svoj izraz u svetlim naborima vode,
I obećanje hranljivosti
Daleko kao obećanje smisla.
Da bismo to videli, nečega
Moramo da se odreknemo:
Odlučnosti ili sna o mestu
Na kome postaje dostupan svet.

LEŽIŠTE

Svet počiva na poverenju.
Kada bih samo to
Mogao da kažem
Sa smirenošću.
Na obližnjoj vodi
Oblikovao bih pravilnije krugove
Izazvane ravnomernim
Zamasima ruke.
Jednom podignuta,
Ruka se ne bi kolebala.
Ni tamo, ni ovamo.
Kao izmeštena iz prostora
Kome je namenjena.
Kao strana ležištu
U kome se udomila.

IZMAGLICA

Nedaleko od mesta na kome se
Skružio grad, napokon povučen u sebe,
Pretvarajući se u lako zamislivu tačku
Iz koje zrakasto kreću ulice,
Velike i male, bučne i prljave,
Zaposednute ljudstvom i one sa odjecima
Zvonkim zbog usamljenosti,
Prostor su ispunile kuće
Gotovo polegle po zemlji,
Bez ikakve gradske visine.
Pažljivo sam gledao ovaj prostor
Urastanja u raskvašenu zemlju
Kako bih nešto zabeležio.
Ali što sam duže posmatrao,
Sve više sam uviđao zatamnjena mesta,
Recimo ono iza zguljene zelene ograde,
Posle kojih malaksava pogled.
Jasnije mi je bilo zašto se ne može opisati
Ono što ne staje ni u jedan pogled,
Ni u samo jedan život.
Otuda su dopirale senke,
Zvuci od pritajenih do teških,
Oslobođeni brige kako će ih drugi čuti,
Koraci koji nikoga ne izvode na videlo.
Video sam što se moglo videti.
Menjao mesta i tako oprobao
Vijugavi nagib ulice.

Potom sam odmahnuo rukom.
Ne samo zbog uzaludnosti
Nego i kao pozdrav
Onome što se najpre videlo
A onda postajalo slutnja.
Izmaglica snenih očiju.

MUZEJSKI PRIMERAK

Detalj uzet od mora,
Ostatak neke nenadane olupine,
Izazvane slučajem
Ili prekoračenjem zadatih mera,
Postao je arhipelag
U kome je svaka alga
Svet za sebe,
Neistraženo ostrvo.
To je način da zeleno
Postane ime svih boja.
I da alge budu
Nataložene kao sećanje.
Ono što ostaje.
Bilo za koga i bilo gde.

HLEB

Koliko smo videli hleba na svetu,
Hleba sa dubokim tamnim borama
U kojima je topla zagonetna punoća,
Hleba iz čije mekoće niko nije izvadio prste,
Hleba koji je kružio po imperiji
Da bi se zaustavio kod ovog kamena
Gde i jeste, kako se veruje, mesto
Hleba i mesto hranljivosti,
Hleba o kome ne može biti reči
Između dva pokreta uobličenih usana,
Toliko smo videli hleba u poeziji.

ČITALAC

Ne znam da li ću te
Nekada pogledati
Očima kojima sam gledao
Sliku Rembrantove majke
Za koju se verovalo
Da je bila pobožna
Što je i moralo učiniti
Da u doba od nauke
Sveznajući pripovedači pomisle
Kako je to lik proročice Ane

Ono što vidim
To izgovaram:
Majka koja čita knjigu
Slova koja pripadaju njenim očima
Papir koji se kruni pod slovima
I nestaje kako oči prelaze preko njega

Ne znam da li bih te
Nekada pogledao
Da sam čitalac
Kao što je to Rembrantova majka
Sa iskustvom upisanim
U raseline na licu
I u čeone udoline

MESTO BORAVKA

Kada događaji
Postanu svakodnevni život,
Naš jedini život,
Kada suza deteta
Nije izazvana
Odveć velikom
Roditeljskom brigom
Ili lakomislenim pokretom
U trku za loptom,
Tada oči sumnjaju
U ono što vide,
A glasovi se podižu
Kao mukli šapat,
Kao jek uznemirenosti,
Kao rasprava sa odsutnim
Ili kao poziv na patnju.
Tada u svakoj udolini,
Pa i na nekada bučnom trgu,
Telo prepoznaje mesto
Svog budućeg boravka.

TEŽINA

Kako je jasno sećanje
Na neprijatne događaje.
Kako su nepomućeni prizori
U kojima se strah
Naglo zgušnjavao
Da su ga, na kraju,
Morali nožem seći.
Kako su od šuma
Očišćene reči
Koje su zamenile prijateljstvo.
Kako je drhtaj,
Dok je prelazio licem,
Izgledao privremen,
Odsutan i lak,
A sada bih mogao
Da ga ponovim.
Ispunjenog težinom
Bez koje nema lica.

SENOVITOST

Dok padaju senke,
Sve postaje stvarno.
Ispunjava se prostor,
Obično oskudan.
Praćen zgusnutim vazduhom,
Zvuk naseljava uglove
Od kojih se skreće pogled.
Senovitost izdužuje naše telo.
Samo tada šapat
Zamire u uhu
Kome je upućen.
U toj neodlučnosti
Niti smo sami,
Niti sa drugima.

NA NIČIJOJ ZEMLJI

U onim danima kada ništa ne očekuješ,
Kada nikakav glas ne bi mogao da te obraduje,
Ako bi i imao da stigne od koga,
U onim danima kada sve knjige
Liče na propuštene prilike,
A razgovori se odlažu ili se vode
Tako da se ne misli na drugog,
U onim danima kada se ničemu ne bi iznenadio,
Kada se ne raduješ ni čistom danu,
Ni spokojnom zvuku, ni zaustavljenim prizorima,
Dok pokušavaš da osmisliš vreme,
Očajno dugo vreme koje ti obično nedostaje,
U tim si danima najviše suočen sa sobom,
Na ničijoj, potisnutoj zemlji,
Daleko od onoga što izgleda da jesi.

O AUTORU

Gojko Božović rođen je 2. maja 1972. godine Bobovu kod Pljevalja.

Piše poeziju, književnu kritiku i esejistiku.

Objavio je knjige pesama *Podzemni biosko* (1991), *Duša zveri* (1993) i *Pesme o stvarima* (1996 kao i knjigu eseja o srpskoj poeziji druge polovin 20. veka *Poezija u vremenu* (2000).

Za poeziju je dobio nagrade „Matićev šal" „Brana Cvetković", dok je za projekat esejističke knjig o savremenoj srpskoj proznoj književnosti dobio na gradu iz Fonda „Borislav Pekić".

Bavi se priređivačkim i uredničkim radom.

Uređivao je listove „Književna reč" i „Književi magazin", časopise „Trg", „Književna kritika" i „Reč' kao i književni program „Trg pjesnika" u Budvi.

Živi u Beogradu, gde radi kao glavni uredni Izdavačke kuće „Stubovi kulture".

SADRŽAJ

SMENJIVI OBLICI

NA KRAJU JEDNOG POSTOJANJA

SKLONIŠTE

MESTO BORAVKA

Gojko Božović
ARHIPELAG ·
*
Glavni urednik
NOVICA TADIĆ
*
Recenzenti
MIHAJLO PANTIĆ
SAŠA RADOJČIĆ
*
Oprema
DUŠAN ŠEVIĆ
*
Korektor
MIROSLAVA STOJKOVIĆ
*
Izdavač
IP RAD
Beograd, Dečanska 12
*
Za izdavača
SIMON SIMONOVIĆ
*
Štampa
SPRINT
Beograd

CIP - Katalogizacija u publikaciji
Narodna biblioteka Srbije, Beograd

821.163.41-1

BOŽOVIĆ, Gojko
    Arhipelag / Gojko Božović. - Beograd :
Rad, 2002 (Beograd : Sprint). - 99 str. : 21
cm. - (Biblioteka Uspon ; knj. 10)

Tiraž 500. - O autoru: str. 95.

COBISS ID = 100100620
ISBN 86-09-00-789-8

www.ingramcontent.com/pod-product-compliance
Lightning Source LLC
LaVergne TN
LVHW021611080426
835510LV00019B/2524